MAMA WEINT

UND WAS DAS FÜR MICH BEDEUTET

VON JULIA SCHAUER

Impressum

Bibliografische Information der Deutschen Nationalbibliothek:
Die Deutsche Nationalbibliothek verzeichnet diese Publikation
in der Deutschen Nationalbibliografie; detaillierte
bibliografische Daten sind im Internet über http://dnb.dnb.de
abrufbar.

Herstellung und Verlag: BoD – Books on Demand, Norderstedt

ISBN: 978-3-7578-0196-0

Inhaltsverzeichnis

Mama weint

WARUM WEINT

MAMA DENN?

Hallo. Ich bin ein kleiner Elefant und mir geht es wie dir. Wenn ich meine Mama weinen sehe, kann mich das ganz schön erschrecken.

Vielleicht weißt du auch gar nicht, was du tun sollst. Das ist okay. Damit möchte ich dir helfen. Deshalb werde ich dir zusammen mit meinen Freunden erklären, dass es verschiedenste Gründe gibt, warum deine Mama weint und wie du ihr helfen kannst.

Zunächst sprechen wir über verschiedene Gefühle. Anschließend kommen wir noch auf zwei sehr wichtige Kapitel dieses Buches zu sprechen. Es geht zum einen darum, wer alles weinen darf und zum anderen, warum weinen für dich und deine Mama wichtig ist.

TRAUER

Wenn jemand **stirbt**, empfinden wir Trauer. Das bedeutet, dass wir traurig sind und die Person oder auch das Tier sehr **vermissen**. Es ist vollkommen normal, dass wir wegen des Verlustes weinen.

Nimm dir die Zeit, um selbst traurig zu sein und lasse sie auch deiner Mama. Es ist auch in Ordnung, wenn du nicht traurig bist. Das kann passieren, wenn du die Person oder das Tier gar nicht kanntest.

Deine Mama ist vielleicht trotzdem sehr traurig. In dem Fall kannst du sie **in den Arm nehmen** oder ihr Taschentücher bringen oder ihr zuhören, wenn sie über die Person oder das Tier sprechen möchte.

Wenn du selbst jemanden verloren hast, dann solltest du aber auf jeden Fall über deine **Gefühle reden.**

SCHMERZ

Manchmal können wir etwas sehen, wenn jemand Schmerzen hat. Wenn sich deine Mama verbrannt hat - weil sie den heißen Topf angefasst hat – wird die Haut rot.

Manchmal **bluten** wir auch. Das tut dann ganz oft auch weh. Wir können manchmal den Schmerz **wegpusten**.

Wenn das nicht mehr reicht, dann kann es auch sein, dass wir ein **Schmerzmittel** brauchen. Das kann uns gegen den Schmerz helfen, sodass wir nicht mehr weinen müssen.

Manchmal kann man den Schmerz aber nicht sehen, dann muss man darüber sprechen, was weh tut. Es kann der Kopf deiner Mama sein. Dann kannst du leise sein. Vielleicht tut deiner Mama auch der Bauch weh. Dann könnt ihr zusammen einen warmen Tee trinken.

Weinen hilft uns auch körperliche Schmerzen leichter zu ertragen. Es tut tatsächlich weniger weh, wenn wir weinen. Daher lass dich nicht abhalten zu weinen, wenn es notwendig ist und versuche auch deine Mama nicht abzuhalten, wenn es ihr hilft. Du kannst ihr **sagen**, dass es für dich in Ordnung ist, sie weinen zu sehen.

STRESS

Stress ist ein Gefühl, dass nicht schön ist. Wenn man **wenig Zeit** hat, aber viel erledigen muss, fühlen sich manche Menschen gestresst. Wenn einer Person alles zu viel wird, dann kann es vorkommen, dass sie weinen muss. Das passiert nicht nur Kindern, sondern auch Erwachsenen.

Selbst einer Mama kann alles zu viel werden. Sie muss **Termine** machen beim Arzt. Sie muss kochen. Sie soll immer Zeit zum Spielen haben. Manchmal geht das nicht. Wenn du deine Mama weinen siehst und sie hat sehr viel zu tun oder wenn sie dir sagt, dass sie sehr gestresst ist, dann kannst du ihr helfen, indem du sie eine Weile **allein lässt** oder **ihr bei ihren Aufgaben hilfst**. Was besser ist, dass kann dir nur deine Mama sagen.

ÜBERFORDERUNG

Überforderung ist Stress ähnlich. Wenn deine Mama wegen Überforderung weint, dann ist ihr einfach alles zu viel, auch wenn sie **genug Zeit** hat.

Wenn du eine Weile allein spielen kannst, dann hilft ihr das bestimmt. Ansonsten kannst du deiner Mama helfen, indem du ihr mit ihren Aufgaben wie dem Tisch decken oder dem Wäsche sortieren hilfst. Man kann auch überfordert sein, wenn man **etwas nicht kann**. Auch dann braucht man Hilfe.

GLÜCK

Glück ist ein Gefühl, dass du bestimmt kennst. Wenn wir glücklich sind, dann lächeln und lachen wir. Aber manchmal, wenn wir so froh sind, dass **Lachen uns nicht mehr reicht**, dann weinen wir. Deine Mama hat vielleicht schon mal auf einer Hochzeit geweint. Dort war sie aber sehr **glücklich**. Weinen tut uns manchmal gut. In diesem Fall braucht deine Mama keine Hilfe. Weinen aus **Glück ist ansteckend**. Hast du schon mal aus Glück mit jemandem geweint?

WUT

Wut ist ein sehr starkes Gefühl. Wir können an unterschiedlichen Orten wegen unterschiedlichen Gründen wütend werden. Ein dir vielleicht bekanntes Beispiel ist, wenn du mit einem Freund spielen wolltest und dieser einfach nicht kommt. Deine Mama kann auch wütend werden. Vielleicht hast du deine Hausaufgaben wieder nicht gemacht oder die Brotdose schimmelt schon im Rucksack.

Vielleicht hast du aber auch gar nichts falsch gemacht und deine Mama ist wütend auf den Chef deines Papas, weil der ganz viele

Überstunden machen muss oder du weißt den Grund gar nicht so genau.

In diesem Fall hilft es deiner Mama **zuzuhören** und ihre Sorgen anzuhören. Wenn sie etwas mit deinem Verhalten zu tun haben, kannst du **versuchen es besser zu machen** und vielleicht direkt mit anpacken und die Brotdose aus dem Ranzen holen.

Auf der nächsten Seite erfährst du noch ein bisschen mehr über das Gefühl Wut! Also blättre um!

Exkurs Wut

Man weint nicht immer, wenn man wütend ist. Manche Menschen stampfen auch auf den Boden, schreien und in Filmen werfen sie gerne mit Geschirr.

Es ist völlig in Ordnung wütend zu sein, aber nicht jedes Verhalten ist bei Wut in Ordnung. Jemanden aus Wut zu schlagen ist nicht in Ordnung. Wenn die Wut sich sehr anstaut, kannst du aber **in ein Kissen schreien**.

Wenn die Wut so groß ist, dass das nicht mehr reicht, dann dürfen auch Tränen fließen und dann braucht die Person, die weint, auf jeden Fall **Trost**.

Meine Mama weint immer, wenn Oma sie anschreit.

Ich mag das auch nicht.

ERLEICHTERUNG

Wenn man Angst vor etwas hat, das noch bevorsteht, wie eine Klassenarbeit, eine Operation oder ein unangenehmes Gespräch, können wir sehr **nervös und angespannt** sein. Wenn du zum Beispiel im Krankenhaus liegst, dann erlebt deine Mama sehr viele Gefühle.

Sie ist nervös. Sie hat Angst um dich. Sie hat vielleicht auch Schmerzen, wenn ihr zusammen einen Unfall hattet. Auf jeden Fall hofft sie, dass ihr bald wieder eine gesunde Familie seid und nach Hause könnt. Wenn es dann so weit ist und der Arzt oder die Ärztin ihr sagen, dass **alles in Ordnung** ist, dann ist sie plötzlich sehr froh und die ganze **Angst** ist ganz schnell **weg**.

Dieses Gefühl nennt man Erleichterung. Es ist Glück sehr ähnlich und wir weinen, weil die Gefühle sehr stark sind. Aber es sind **gute Gefühle** und wir müssen gar nichts weiter tun. Du kannst sie aber trotzdem gerne **in den Arm** nehmen.

PAPA, OPA

UND DER REST DER WELT

Mama weint manchmal. Du weinst manchmal. Die Kinder im Kindergarten weinen manchmal und die Menschen in den Filmen auch. **Aber weint dein Papa?**

Vielleicht hast du deinen Papa schon weinen gesehen. Das ist sehr gut. Vielleicht hat dein Papa aber auch noch nie vor dir geweint. Das kann daran liegen, dass er für dich stark aussehen will.

Weinen macht aber gar nicht schwach, sondern hilft uns. Besonders das gemeinsame Weinen ist sehr hilfreich für uns alle. Doch lange Zeit hat man anders darüber gedacht und vielleicht hat dein **Papa Angst vor dir zu weinen.** Aber du kannst dir sicher sein, dass auch dein Papa manchmal weint. Falls du deinen Papa nicht kennst, dann denkst du jetzt bitte an einen anderen **besonders großartigen Mann**.

Vielleicht ist das dein Opa oder dein Busfahrer. Aufgepasst: deine Zahnärztin weint manchmal und dein Sportlehrer hat auch schon mal geweint. Was an dieser Stelle wichtig ist: **jeder weint mal**. Und das ist gut so.

Wenn du jemanden kennst, denn du sehr liebhast, aber der oder die noch nie vor dir geweint hat, kannst du die Person **fragen**, warum sie noch nie vor dir geweint hat.

Sei aber nicht böse, wenn die Person vielleicht nicht antworten mag. Für viele Leute ist es sehr **schwer**, über **Gefühle zu sprechen.**

3 GRÜNDE DAFÜR, WARUM ES GUT IST, WENN MAMA UND PAPA WEINEN!

<u>Weinen baut Stress ab.</u>

Weinen hilft uns damit fertigzuwerden, wenn wir viel zu viel erledigen müssen. Manchmal sind wir schneller fertig, wenn wir erst richtig weinen, weil alles doof ist und dann einen klaren

Kopf haben, womit wir als nächstes weitermachen sollen. Wir gehen ruhiger an die Aufgaben heran und machen weniger Fehler.

Weinen macht uns glücklicher

Beim Weinen sendet unser Körper Hormone aus. Diese kannst du dir wie kleine Ansager im Körper vorstellen. Es gibt gute Hormone, die uns gesund und glücklich machen und es gibt schlechte Hormone, die dafür sorgen, dass es uns schlecht geht. Wenn wir weinen, werden ganz viele Hormone ausgesendet, die uns helfen gesund und glücklich zu werden, wenn wir es gerade nicht sind. Deshalb sind wir entweder nach dem Weinen glücklicher oder weniger traurig.

Weinen beruhigt uns.

Wenn wir Schmerzen haben, gestresst oder wütend sind, dann können diese negativen Gefühle sehr stark sein. Oftmals wissen wir dann selbst nicht, was uns in diesem Moment dann selbst nicht, was uns in diesem Moment helfen kann.

Wenn dann kein Schmerzmittel parat ist, die Ursache unserer Wut nicht geändert werden kann oder der Stress einfach kein Ende zu nehmen scheint, hilft es uns zu weinen, weil wir dadurch ruhiger werden. Nach dem Weinen ist es einfacher nachzudenken und für unser aktuelles Problem eine Lösung zu finden.

Wir könnten in die Apotheke gehen und ein Schmerzmittel kaufen oder jemanden bitten unsere Aufgaben mit uns gemeinsam zu erledigen.

FAZIT

Es ist auf jeden Fall immer gut zu weinen,

wenn uns danach ist und warum das so ist,

kannst du jetzt jedem erklären,

der dir etwas anderes erzählen möchte.